AF270223

Búho nival

Grace Hansen

abdobooks.com

Published by Abdo Kids, a division of ABDO, P.O. Box 398166, Minneapolis, Minnesota 55439.
Copyright © 2022 by Abdo Consulting Group, Inc. International copyrights reserved in all countries.
No part of this book may be reproduced in any form without written permission from the publisher.
Abdo Kids Jumbo™ is a trademark and logo of Abdo Kids.

Printed in the United States of America, North Mankato, Minnesota.

052021

092021

Spanish Translator: Maria Puchol

Photo Credits: Alamy, iStock, Minden Pictures, Shutterstock, ©Peter Trimming p9/CC BY 2.0

Production Contributors: Teddy Borth, Jennie Forsberg, Grace Hansen
Design Contributors: Dorothy Toth, Pakou Moua

Library of Congress Control Number: 2020930753
Publisher's Cataloging-in-Publication Data
Names: Hansen, Grace, author.
Title: Búho nival/ by Grace Hansen;
Other title: Snowy Owl. Spanish
Description: Minneapolis, Minnesota: Abdo Kids, 2022. | Series: Animales del Ártico | Includes online
    resources and index.
Identifiers: ISBN 9781098204297 (lib.bdg.) | ISBN 9781098205270 (ebook)
Subjects: LCSH: Snowy owl--Juvenile literature. | Owls--Juvenile literature. | Nocturnal birds--Juvenile
    literature. | Zoology--Arctic regions--Juvenile literature. | Spanish language materials--Juvenile
    literature.
Classification: DDC 598.97--dc23

Contenido

El Ártico

El Ártico es la zona más septentrional de la Tierra. Está compuesto por tierra y por el océano Ártico cubierto de **hielos marinos**. El clima es gélido. ¡Solamente los animales más fuertes pueden sobrevivir en el Ártico!

Búhos nivales

A los búhos nivales les gustan los espacios abiertos con pocos árboles. Esto hace que el Ártico sea su hogar perfecto.

El búho nival es uno de los
más pesados de todos los
búhos. Puede llegar a pesar
hasta 6.5 libras (3 kg).

British
Wildlife
Centre

La mayoría de su peso es su espeso plumaje blanco. Les ayuda a mantener el calor en temperaturas gélidas.

El plumaje de los machos

jóvenes tiene marcas. Los

machos de mayor edad pueden

ser complemetamente blancos.

Las hembras están cubiertas de

marcas oscuras toda la vida.

Son grandes cazadores gracias

a su excelente visión y fino oído.

Se posan, observan y escuchan

a su **presa**. Si es necesario,

pueden permanecer en el

mismo sitio durante horas.

15

Los búhos nivales capturan sus **presas** al vuelo. Agarran la presa con sus **garras** afiladas y se la tragan de golpe. La comida favorita de estos búhos son los **leminos**.

Polluelos de búho nival

Las hembras hacen nidos en la tierra. Ponen de 3 a 11 huevos cada vez. La madre se posa sobre los huevos hasta que nacen los polluelos. Durante este tiempo los machos les llevan comida a las hembras.

Los polluelos nacen
aproximadamente al mes,
cubiertos de un **plumón** suave y
blanco. Sus primeras plumas les
salen grises. ¡A los 2 meses ya
empiezan a volar!

Más datos

- Los búhos nivales tienen ojos redondos y de color amarillo brillante. Sin embargo, sus ojos son más pequeños que los de otros búhos.

- Sus ojos son más pequeños posiblemente porque cazan durante el día. Otros búhos cazan a menudo por la noche.

- En la serie de Harry Potter, Harry tiene un búho que se llama Hedwig. En las películas, son siete búhos macho diferentes los que interpretan su papel. Sin embargo, en los libros, Hedwig es un búho hembra.

Glosario

garra - uña de un ave.

hielo marino - agua congelada de océano, normalmente cubierta de nieve.

lemino - pequeño mamífero parecido a un ratón con una cola corta.

plumón - pluma suave, delgada y sedosa que cubre a las aves jóvenes; en algunas aves adultas se encuentra debajo del plumaje exterior.

presa - animal que ha sido cazado para alimento de otros.

Índice

¡Visita nuestra página **abdokids.com** para tener acceso a juegos, manualidades, videos y mucho más!

Los recursos de internet están en inglés.